Amalgam

Aus dem Alltag eines Aussiedlers

Gedichte

Peter Wiens

für Anne

© 2011 Peter Wiens

Herstellung und Verlag:
Books on Demand GmbH, Norderstedt

ISBN 978-3-8423-4482-2

Standardvermerk der Deutschen National-
bibliothek: siehe http://d-nb.info/1009539914

Die Texte dieses Buches sind größtenteils bereits
in den Jahren 2007 - 2010 in verschiedenen
Blogs des Autoren veröffentlicht worden:

http://peterwiens.blogspot.com
http://amal-gam.blogspot.com
http://tweebak.blogspot.com
http://interview-poetry.blogspot.com

Inhalt

Vorwort

Herzlich willkommen, besonders auch zwischen den Zeilen!

2007 kam mir in den Sinn, ich könnte es mal mit Bloggen versuchen. Ich postete Tagebuch-Notizen, ältere und neuere Gedichte, jede Menge Fotos und auch einige Videos. Dabei begeisterte mich vor allem das Mitteilen über meine Identität als Aussiedler bzw. Russlandmennonit und in diesem Zusammenhang auch die Auseinandersetzung mit den Themen Migration und Integration.

Gerne und immer mehr schreibe ich auch in meiner Muttersprache Plautdietsch. Der Spaß und die Verzweiflung daran, Mitglied einer Parallelgesellschaft zu sein, aber auch "einfach nur" Partner oder Vater oder Sohn zu sein - auch das hat mich anscheinend immer wieder zum Schreiben bewegt.

Die meisten Texte der vorliegenden Sammlung sind also bereits in meinen Blogs veröffentlicht worden. Der erste Teil (Amalgam) enthält Gedichte in deutscher Sprache, während im zweiten Teil (Dach en Nacht) die plautdietschen Gedichte zu finden sind - jeweils alphabetisch geordnet. Insgesamt stammen die Gedichte aus den letzten 20 Jahren und sind in Bezug auf Form und Inhalt sehr unterschiedlich. Sowohl im ersten als auch im zweiten Teil schließen sich einige kürzere Prosatexte an, im plautdietschen Teil auch einige Übersetzungen.

Mit dem dritten Teil dieser Gedichte-Sammlung (Interview Poetry) möchte ich etwas Neues versuchen. Ich habe hier mit Originalformulierungen aus Interviews prominenter Persönlichkeiten etwas zusammengedichtet, was mir so sehr gefällt, dass ich mir weitere Leser und Nachahmer wünsche.

Auch wenn es beispielsweise Michail Gorbatschow ist, den die Bild-Zeitung interviewt hat, so ergeben Auswahl und Präsentation der Zitate dann doch "mein" Gedicht - eben Interview Poetry. Und immer auch eine Art Amalgam.

Viel Spaß beim Lesen!

Peter Wiens

Ostwestfalen-Lippe, im Januar 2011

Amalgam

Amalgamie

Jetzt oder nie?
Reich oder arm?
Christ oder Atheist?
Russe oder Deutscher?
Monogam oder polygam?
Wohl oder übel dann
Doch immer wieder
Einfach nur
Amalgam

* * *

amoll

Wenn alles vorbei ist
Wenn es nicht mehr knistert
Warm und still
Dann ist Feuerabend
Dann wollen wir nicht mehr
Reden und träumen
Von Sommer und Winter
Von Frühling und Herbst
Dann spüren wir
Dass sie ein Lied sind
Eins
Wie Tag und Nacht
Wie Wort und Stimme
Wie Vater und Sohn
Wie Liebe
Die alles verbrennt und
Wie Kälte
Die alles vereist
Kein Buchstabe dieser Welt
Wird sie aufhalten
Wenn sie kommen
Wenn alles vorbei ist
Wenn es nicht mehr knistert
Warm und still

* * *

Betthoffen

Es hat mich verletzt
Viele beschissene Jahre lang
Wunde um Wunde
Und ich Idiot hab's nicht gemerkt
Oder habe ich vielleicht gedacht
Ich sei stark genug?
Ich hätte genug Körper und Geist?
Genug Haut?
Ich
Habe mich grandios und fatal
Überschätzt
Meine Selbstheilungskraft war leider
Nicht ausreichend
Am schlimmsten sind die Kratzer
An den Augen
An der Netzhaut und am Verstand
Ich kann nicht mehr sehen
Nicht mehr so
Wie ich es eigentlich wollte
Blind geworden bin ich
Für die Schönheit der wahren Natur
Blind und bekloppt
Wie es niemand gewollt hat
Ganz bestimmt nicht
Ode?
An die Freude?

* * *

Blindes Q

Ich suche dich
Ich sehne mich nach dir
Ich kann nicht sehen
Ich komme aus einer dunklen Nacht
Aus einer Sehnsucht nach Liebe
Aus der Sorge meiner Eltern
Dass eines Tages
Ihre Sehnsucht meine ist
Hier bin ich
Aber es ist dunkel
Ich bin nicht zu sehen
Ich bin wie die Sehnsucht selbst
Ich möchte nicht mehr
Gefangener meines Körpers sein
Und ich suche den
Der mich sieht
Bitte
Lass dich finden
Bevor ich fallen werde
Das hier
Ist kein Spiel

* * *

Dein Schmuck

Du sagst immer
Nichts ist besser als die Natur
Und, weißt du, ich glaube dir heute
Noch mehr als an jenem Tag
Als ich dich zum ersten Mal sah
Mein Herz stand still
Weil ich überwältigt war und eigentlich
Nicht wusste, warum
Ich weiß es auch heute nicht viel besser
Aber ich sehe und lerne
Dass nichts, wirklich nichts
Schöner und besser ist als das
Was Gott gemacht hat
Was Gott geschenkt hat
Was uns den Atem verschlägt und unsere
Augen weit aufreißt
Was mich
Den zufällig (?) in den Genuss
Gekommenen
Verrückt und glücklich macht
Dein Schmuck
Ich weiß es ganz genau
Auch wenn ich
Nur einen Teil davon gesehen habe
Ist ein Geheimnis
Voller Schönheit und Liebe und Wärme
Dein Schmuck ist heilig
Und er gehört weder dir
Noch mir und
Wird wohl ein Teil dieses Gartens sein
In dem du Ordnung halten möchtest

Wie du mir neulich gesagt hast
Und ich hörte still
Deine Stimme und deine Bitte an Gott
Dass er dir hilft
Dass er dich und deine Kinder
Beschützt
Und ich glaube
Er wird das auch tun
Denn dein Schmuck
Ist sein Schmuck

* * *

Dein Ton

Der Rhythmus
Muss nicht immer passen
Der Text, der Reim
Spielt kaum noch eine Rolle
Was zählt
Was wirklich meine Seele ganz tief drin
Berührt
Ist deine Stimme, deine Sprache
Dein Ton
Deine Melodie
Deine Tränen als Tonträger
Deine Ängste als Taktkiller
Deine Sehnsucht nach Liebe und deine
Stille Verzweiflung
Die Schreie deines Herzens
Sind für mich
Die einzige Musik dieser Welt
Du berührst mich
So
Nur so berührst du mich
So sehr, so tief, so folgenreich
Spiel weiter
Sing
Denn wie kein anderer hast du
Mich dort erreicht
Wo ich bin -
Dein Ton ist
Mein Ton

* * *

Einfach, genial

So ist er dann wohl
Unser Gott
Gut, ich bin nicht ganz sicher
Aber so wird er wohl sein
Allmächtig
Er kann einfach alles
Und er ist viel einfacher als
Alles
Kompliziert ist der Mensch
Kompliziert bin ich
Ich
In meiner Verdorbenheit
In meiner Verdrehtheit und in meiner
Vergangenheit
Verdammt -
Und gerettet
Gut, ich bin nicht ganz sicher
Aber so wird es wohl sein
Er liebt mich
Und je mehr ich das glaube
Umso mehr liebe ich ihn auch
Meinen Gott
Meinen Schöpfer
Der Himmel und Erde einfach so
Gemacht hat
So genial sein Geist in mir wirkt
So gespenstisch sind meine
Zweifel
Ich glaube, ich brauche noch etwas
Mehr Beziehung
Mehr Zeit in seiner Nähe

Denn dort scheinen
Sonne, Mond und Sterne
In Ordnung
Bei ihm
Oder vielleicht sogar
Mit ihm
Lösen sich langsam
Aber anscheinend sicher
Die verrücktesten Verspannungen
Von Körper, Seele und dieser
Ewigen Sehnsucht nach
Liebe

* * *

Galaktisch

Pater noster
Papa?
Qui es in caelis
Ich liebe die Sonne, den Mond
Und die Sterne
Sanctificetur nomen tuum
Ich staune über deine Geheimnisse
Adveniat regnum tuum
Ich spüre etwas Neues
Fiat voluntas tua
Von mir aus kann es endlich kommen
Sicut in caelo et in terra
Ich träume vom Himmel auf Erden
Panem nostrum cotidianum
Da nobis hodie
Von eingelösten Versprechen
Et dimitte nobis debita nostra
Von diesem
Galaktisch entfernten Moment
Sicut et nos dimittimus debitoribus nostris
Wenn wir uns trotz unserer Schuld
Et ne nos inducas in tentationem
In die Augen sehen
Sed libera nos a malo
Und Liebe spüren

* * *

Ibus Sternchen

Du bist heute 8 geworden
Oh mein Gott
Wie können Menschen so schön sein
So
Unendlich wunderbar schön
Sogar die Zahlen im Kalender
Machen heute Spaß
Du hast heute Geburtstag
Du bist da
Und es ist unbeschreiblich schön
Dass du da bist
Dass dein süßes schlitzohriges Lächeln
Unsere Welt verzaubert
Dass wir gucken und
Staunen
Wie machst du das!?
Wie hat Gott das so gut geschafft!?
Du bist wie die Sonne
Wie die Liebe
Wie Gummistiefel am Strand
Wie ein Stück Brot
Wie eine Tochter
Einzigartig und geliebt
Wirklich sehr sehr geliebt
Ich glaube
Ich war schon lange nicht mehr
So begeistert
Und
Du lebst
Du hast heute Geburtstag
Du bist 8

8 ist heute meine absolute
Lieblingszahl
Und du
Du bist und bleibst
Abrahams Tochter
Im Winter, im Frühling
Im Sommer, im Herbst
Immer
Wirklich immer
Auch dann
Wenn niemand deine
Tränen sieht

* * *

Im Spiegel

Wie soll der Morgen denn
Zum Abend passen
Wenn du am Abend dich hast
Gehen lassen
Dass jetzt die Nacht noch
In den Augen brennt
Wie soll der Morgen dich
In Ruhe lassen
Wenn du die Ruhe nicht
Ertragen kannst
Wenn diese Nacht dich jemand
Hier erkennt
Es wird der Morgen nicht
Zum Abend passen
Wenn du am Morgen dich wirst
Sehen lassen
Wenn nach der Nacht der Mann
Im Spiegel dich nicht kennt

* * *

Im Strudel der Zeit

Wir sind Mennoniten
Wir sind Christen, Anabaptisten
Wir drehen uns im Kreis
Ich weiß
Nicht jeder wird dies
Von sich selbst behaupten wollen
Wollen tun wir vieles nicht
Wir leben in den Tag hinein
Und jeder Tag
Gehört natürlich uns allein
Wir wollen oben sein
Genannt
Gekannt
Und überall gesehen werden
Im Himmel wie auf Erden
Und sehen nicht
Da, wo wir sind, da ist kein Licht
Kalt und dunkel ist es
Keiner sagt es, jeder ahnt es
Unser Weg ist krumm
Und allzu dumm
Sind wir im Kreis gelaufen
Wir laufen
Wir lassen uns taufen
Zuweilen auch kaufen und im
Sog von Zeit und Geld
Sehn wir kaum noch
Was uns über Wasser hält

* * *

Inte Gration

Von Zeit zu Zeit aus
Blut und Tinte
Bringt die Erde einen Sohn
Geile Sache oder
Rache
Oder einfach Mutation –
Wer weiß das schon!
Inte Tinte
Sagt der Schwede und
Erfindet Dynamit
Während es die Griechen riechen
Sagt der Ami einfach Shit -
Im Internet!
Der Nobelpreis und der Oscar
Und das Gold der großen Götter
Sind ganz nobel, machen locker
Und vergiften ihren
Sohn –
Was mach das schon!?

* * *

Kleiner Lukas

Erwachsene Menschen
Gehen ihren Weg oft so unsicher
Oft so unklug
Erwachsene Menschen
Vergessen manchmal ihre besten Freunde
Und tun ihnen weh -
Manchmal sind sie lieb und sehr nett
Aber manchmal tun sie auch
Gemeine Dinge
Manchmal, weil sie denken, sie müssen
Manchmal einfach so, nur zum Spaß
Und dabei tun sie ihren besten Freunden
Doch so weh
Ich bin auch ein erwachsener Mensch
Und du
Du bist noch im Bauch von Anne, meiner
Frau
Du und Anne
Ihr seid meine besten Freunde
Ich will dich lieben
Kleiner Lukas
Obwohl ich so ein Erwachsener bin
Ich will auch Anne lieben
Obwohl sie auch so eine Erwachsene ist
Tja
So gehen wir unseren Weg jetzt mit dir
Und du wirst sehn
Wie erwachsene Menschen sind -
Wirst du auch so sein?

* * *

Koch deinen Kaffee

Bald ist es so weit
Koch deinen Kaffee mit Zimt
Rede milder als sonst und
Packe deine Wut
In Päckchen
Und verbrenne sie im Osterfeuer
Das hoffentlich immer noch brennt
In deinem Herzen
Und wenn nicht in deinem
Dann vielleicht im Haus eines Freundes
Vielleicht lädt er dich ein
Dann gehe hin und
Packe deine Päckchen aus
Verbrenne sie
Wärme dich an diesem heißen Feuer
Es brennt für dich
Seit Ostern
Und bald vielleicht auch
Seit Weihnachten
Und das
Schon viele tausend Jahre
Denn der die Sonne gemacht hat
Lässt auch die Kaffeepflanzen und
Zimtbäume wachsen
Versteht die Verworrenheit unserer Sinne
Und will sich mit uns
Treffen

* * *

Leben

Ich folge meinem
Hunger
Deinem Durst nach diesem
Tropfen
Der anfängt und zu
Ende bringt
Was eine Million
Soldaten
Niemals schaffen würden
Bewegt von jener
Kraft
Die die Sonne und
Den Vollmond
Schafft

* * *

Mal Melek, mal weg

Sie scheint so schön auf das Dach
Auf die rotbraunen Ziegeln
Keine Ahnung
Wer in diesem Haus wohnt
Ich schaue hinaus und spüre
Den Abend
Den frischen Wind des Frühlings -
Sie trifft ihren Bruder
Wenn ich meine Augen schließe
Sehe ich ihre Umarmung
Ihr Herz ist still und verbrannt
Sie drücken sich herzlich und lachen
Sie leidet, sehr
Er hat ihr Filme mitgebracht
Sieht ihre Kinder, trinkt ihren Tee
Du bist so dünn geworden, sagt er ihr
Sie reden viel, fast die ganze Nacht -
Ich glaube
An den Morgen
An den Tag, an die Nacht
Und auch daran
Dass Sonne, Mond und Sterne
Kaputte Herzen heilen

* * *

Menschen und Maschinen

Du bringst es nicht zur
Perfektion?
Mein Sohn
Dann lerne das, was ist
Zu lieben
Menschen und Maschinen
Sind doch sowieso so gut wie nie
Perfekt
Wenn du dich wundern kannst und
Staunen
Dann kannst du auch genießen und
Entspannt
Ideen
Wie Blumen begießen

* * *

PET.RUS

Die Pet Shop Boys kommen aus Russland
Quatsch!
Doch, das stimmt, schau mal nach
Wo
Bei Wikipedia
Wikipedia? Da kann doch jeder jeden
Scheiß schreiben
DAS ist Quatsch!
Und du glaubst wirklich, die sind Russen?
Ja
Und warum singen die auf Englisch?
Machen doch alle
Warum heißen die dann Pet Shop Boys?
Das erste Wort steht für Petjka
Aha. Und das zweite?
Für Schop, das ist Russlandmennonitisch
Verstehe. Und Boys?
Steht für Jungs aus Bojewoi
Soso, eine richtig hirnlose Theorie
Stimmt. Ist eh alles sinnlos
Oh... Sag mal, was bewegt dich?
Dieser blöde Petuch
Petuch?
Ach, schon gut. Meine Schuld
Du bist verrückt
Ja. Verlogen und kanonisiert

* * *

Raubtier-Gen

Viele Bilder, oft gesehen
Fast unmöglich zu verstehen
Finden ihren Weg zu mir
Kommen, bleiben, nisten hier -
Brüten, wachsen, werden groß
Werde sie wohl nie mehr los

Viele Worte, oft gehört
Hatten mich auch nie gestört
Fanden ihren Weg zu mir
Kamen, blieben, reiften hier -
Wäre alles kein Problem
Hätten sie kein Raubtier-Gen

* * *

Stilles Wasser

Und wie das Wasser
Grün
In dieser Flasche
Bin ich in den Augen meiner Freunde
Während ich
Mit diesem Satz sie überrasche
Stirbt in mir der Wunsch
Dass sie mir glauben
Aus der Flasche fließt mein Leben
Und es trinkt und trinkt
Und trinkt der Tod
Und auch sie
Die Freunde, die noch leben
Wenn sie auch
Noch sehr verschlossen sind
Werden ihm
Ihr grünes Blut zu trinken geben
Und so fließen
Körper und Gedanken
Täglich durch den Hals der Zeit
Was übrig bleibt
Wird grün sich ranken
Stumm und still und über Steine
Bis im Winter wieder
Jemand schneit

* * *

Supersilber

Also was
Soll ich jetzt dazu sagen?
Schweigen?
Zwanzig Jahre
Viele Tage, sehr viele Nächte
Ich stehe noch
Mehr oder weniger gerade
Ich sehe noch
Mehr oder weniger Licht
Aber ich glaube
Ich habe aufgehört zu reden
Ich sage viel
Aber ich rede nicht
Ich rede mir nichts mehr ein
Ich rede mir nichts mehr von der Seele
Meine Kruste schweigt
Wie altes Blut
Wie trockenes Brot
Kommt da noch was?
Habe ich etwas verpasst?
Ich will einfach nicht mehr fragen
Und auch nicht mehr reden
Müssen
Zwanzig Jahre
Viele Tage, sehr viele Nächte
Also was soll ich jetzt dazu sagen?
Ich wende mich ab
Ich wende mich dem zu
Was jenseits der Liebe liegt
Die ich so wenig verstehe
Über die ich eigentlich noch nie

Etwas Klares sagen konnte
Aber jenseits
Jenseits dieser unerreichten Liebe
Irgendwo dort
Sind diese versprochenen Worte
Da müssen sie sein
Da will ich sie finden
Sie aussprechen und sie endlich auch
Empfangen
Empfangen für immer und ewig
Ja
Vielleicht
Bin ich einfach noch nicht
Still genug

* * *

Systemisch. Sympathisch

Kann nicht schlafen
Mein Geburtstag ist längst vorbei
Samstag, Sonntag, es ist schon
Montagmorgen
Dich
Und so viele andere Menschen
Habe ich enttäuscht
Ich will einfach nur schlafen
Aber die Nacht ist heute nicht
Auf meiner Seite
Ihr Wasser ist tief und kalt und ihre
Schönheit und Frische ist heute
Nicht einladend
Zeig mir
Noch einmal dieses Familienfoto
Das bist du?
Unglaublich!
Wie wenig ich dich kenne!
Und wer sind all die anderen?
Schön
Dass du mir diese Musik mitgebracht hast
Ich höre dich darin
Ich höre das
Worüber wir nicht reden konnten
Was in unseren Genen steckt
Ich nehme es hinein in
Meinen Raum
In meine Ohren und in mein Herz
Schlafen? Wie denn?

* * *

Warum ich dich so mag

Weil du
Dieses Eis von McDonald's magst
Weil du
Die warmen Strahlen der Sonne liebst
Weil du diesen Namen trägst
Du bist klug und du bist schön
Es fällt mir leicht, mit dir zu reden
Ich will ständig mit dir reden
Du kannst so lachen und du
Weinst wie ein Kind
Das steckt an, ich lache mit dir
Und meine Tränen finden
Ein Flussbett wie
Kein anderes in dieser Welt
Du bist eine Frau
Du bringst neues Leben in unsere
Tage und Nächte
Auch in meine und
Du machst das so gut
Dass am Ende
Eigentlich nur eine Frage bleibt:
Wie machst du das!?
Du hattest Pech mit deinem Nest
Du hattest Grund zum bitteren Schweigen
Zu unendlich lauten Schreien der
Verzweiflung
Zu einem echten Ende und du
Wähltest dennoch das Ohr eines Freundes
Das Herz eines Unbekannten
Unsere Häuser
Sind in Sichtweite und

Unsere Türen und Fenster sind
Nicht verschlossen
Das war nicht
Mein Plan und noch weniger
Meine Leistung
Da habe ich
Wohl einfach Glück gehabt

* * *

Wilder Organismus

Ich will, ich muss
Der Himmel lebt und ruft und
Spricht die Sprache meiner Erde
Schau hin! Genieß!
Lauf weg!
So schön, so stark, so unbekannt
So voller Wechsel!
Wer hält da nur die Strippen in der Hand?
Bin so bewegt, da reißt
Mich etwas mit!
Ich werde!!
Bilder kommen, Schöpfer auch
Tauchen immer wieder auf
Unerwartet, aufgeregt
Wie Sonne, Regen
Wie ein wilder
Organismus

* * *

Wir wollen mehr

Das eine haben wir erreicht
Wir schau'n zur Seite
Haben im Visier
Was größer, schöner, besser ist
Und während uns
Die Lust darauf beschleicht
Verlässt uns auch schon
Der Verstand -
Die Hand greift zu
Denn unser Herz ist längst schon
Der Besitzer -
Keitbardank und
Heitzufrieden
Das haben wir davon
Und eines schönen Tages
Kotzen wir es aus

* * *

Zimt

Eine Berührung
Ein Buch, ein Mensch
Ein Wunder
Von dem ich sanft
Aber mit der ganzen Kraft des
Universums
Gebremst worden bin
Passiv
Liebe ist das Passiv
In der Grammatik meines Lebens
Ich lebe noch
Und ich fange an zu lieben
Weil ich überwältigt worden bin
Weil ich
Gar nicht anders kann
Liebe
Ist eine Notfallbremse
Eine Blume
Die ich sonst nicht gesehen hätte
Ein schwarzer Tee
Mit Zucker, Zimt und
Zitrone

* * *

Kohlossal bis banal

Ich träume ziemlich häufig und immer wieder auch ganz merkwürdige Dinge. Heute Nacht flogen zum Beispiel große schwere runde feste grüne Kohlköpfe mitten in eine Menschenmenge! Da lief gerade irgendwo eine harmlose Veranstaltung. Es war so etwas Ähnliches wie eine Fachtagung, vielleicht auch eine Mitgliederversammlung der Plautdietsch-Freunde. Der Saal hatte irgendwie kein Dach, es war ein schöner Sommerabend, und während Heinrich Siemens vorne etwas erzählte, saß ich mitten im Publikum und sah plötzlich von ganz weit vorne rechts wie aus einem anderen Teil der Stadt - und es sah zuerst auch ganz interessant auch - einen Kohlkopf zu uns geflogen kommen. Einen Kohlkopf! Die harten schweren Dinger, die Mama immer zum Borschtkochen brauchte! Und da war noch eine zweite Kugel, eine dritte... Jemand musste sie dort aus irgendeinem Kanonenteil oder Katapult abgefeuert haben. Aber mir blieb die Spucke weg, als diese Kumstkugeln dann in den nächsten Sekunden direkt bei uns im Publikum einschlugen: Sie schlugen einen nach dem anderen rechts und links von mir nieder. Die Kohlköpfe knallten auf Menschenköpfe, wie Billardkugeln auf andere Billardkugeln.

Komischerweise rannte niemand weg, auf der Bühne war es still. Heinrich Siemens sprach aufgeregt in sein Handy. Als ich zum Mikrofon wollte, um irgendetwas zu sagen, sah ich gerade, wie eine Weißkohlkugel mit voller Wucht auf eine junge Frau vor mir einschlug, wie ihre Augen sich nach oben verdrehten und sie ohnmächtig (oder tot?) zusammenbrach. Keine Panik im Raum. Alle waren still. Oder vielleicht erstarrt vor Angst. Noch bevor ich dazu kam, etwas zu den Menschen zu sagen, wurde ich wach.

Und täglich grüßt die Trichterbrust

Eine Trichterbrust ist ein in der Mitte trichterförmig nach innen verlaufender Brustkorb. Schon als ich sieben Jahre alt war, lernte ich diese Definition am eigenen Körper kennen. Ich sah von oben herab auf meine Brust und stellte verwundert fest: Dieses Loch wird langsam aber sicher größer!

Eigentlich war und ist meine Trichterbrust kein echtes Problem für mich, zumal sie auch nicht allzu auffällig ist. Das bilde ich mir jedenfalls ein. Und sie gefährdet meine Gesundheit in keiner Weise. Aber sie ist für mich zum Symbol einer Lebensmaxime geworden, die es wirklich in sich hat: Mach aus der Not eine Tugend! Entdecke die unerwarteten Chancen, die sich in einer Katastrophe ergeben! Nutze, was du hast! Ich möchte das mit zwei Beispielen aus meiner Schulzeit erklären. Es geht in beiden Fällen um mich und um meine Trichterbrust - und auch ein bisschen um Integration.

Für einen russlanddeutschen Aussiedler, der so wie ich mit sieben Jahren nach Deutschland und damit in die erste Klasse kommt, sollte es doch kaum Integrations- und Minderwertigkeitsprobleme geben, denke ich im Nachhinein. Aber auf dieser Klassenfahrt während meines siebten oder achten Schuljahres am Anno-Gymnasium in Siegburg spürte ich eine fast vergessene und kaum überbrückbare Kluft zwischen mir und den anderen in meiner Klasse. Einerseits war ich froh, dass mich meine sehr christlich geprägten, mennonitisch-baptistischen Eltern überhaupt mitfahren ließen. Ich weiß bis heute nicht, ob meinem Klassenlehrer klar war, warum meine Eltern mich zunächst nicht mitfahren lassen wollten. Er muss wohl auf finanzielle Probleme getippt haben und erwirkte einen fast 100-prozentigen Kostenzuschuss für mich. Das wird meinen Eltern wiederum die Entscheidung etwas erleichtert haben.

Als wir dann am ersten Abend auf unseren Zimmern waren, war ich von ungefähr folgenden Fragen ziemlich beunruhigt: Habe ich den richtigen Schlafanzug? Was mache ich, wenn irgendwas mit den Mädchen läuft, wovon die coolen Jungs die ganze Zeit sprachen. Was sie sich vorstellten, war mir allerdings nicht ganz klar und verunsicherte mich um so mehr. Natürlich mochte ich die eine oder andere aus der Klasse auch sehr gern, aber als Christ sollte und wollte ich mich hier doch irgendwie bewähren. Vergiss nicht, wes Geistes Kind du bist, Peeta, pflegte meine Mutter zu sagen, und schickte mir diese Worte täglich mit auf den Weg, wenn ich zur Schule ging. Martin Luther und meine Mutter haben ungefähr die gleiche Art zu formulieren.

Am nächsten Morgen beunruhigte mich gleich ein weiteres Problem: Was werden die denken, wenn ich morgens meine Stille Zeit mache? Also wenn ich in der Bibel lese und anschließend zum Beten die Augen schließe. Ich tat dies und siehe da, niemand sagte etwas Böses. Um so schlimmer. Jetzt bin ich ein Außenseiter und alle haben es akzeptiert. Aber ein paar Stunden später, beim Schwimmen, fiel mir eine andere Interpretation für meinen sozialen Status ein. Da mal wieder alle meine Trichterbrust sahen - ich dachte jedenfalls, dass alle sie ja sehen mussten - und mich auch gleich wieder jemand aus der Klasse darauf ansprach - erst recht, weil ich so tat, als wäre es kein Problem für mich - präsentierte ich mich als jemand mit einer phänomenalen Seltenheit. Das gefiel mir! Und es funktionierte!

Die andere Begebenheit ist so ähnlich und fand ungefähr zwei Jahre später im sonnigen Kalifornien statt. Ich war mit einigen Freunden aus der Friends Church an einem Strand. Die Friends Church ist eine aus der Quäker-Bewegung stammende Kirche, deren Veranstaltungen ich während eines einjährigen Aufenthaltes in den USA häufig besuchte. Hier am Huntington Beach genoss ich die heiße Sonne und die kalten Wellen des Pazifischen Ozeans. Mir fiel ein, was am Vormittag jenen Tages in der Schule passiert war und ich erzählte es Julie, dieser sympathischen Amerikanerin, die neben mir im Sand lag und in den Sommernachmittag hineinträumte. Ich berichtete ihr, wir hätten uns im Bio-Unterricht menschliche Skelette angeguckt. Und als es um ungewöhnliche Verformungen ging, meldete ich mich spontan um etwas zu demonstrieren. Die Lehrerin war auch sehr experimentierfreudig und ließ mich nach vorne kommen, ohne zu wissen, was ich vorhatte. Ich zog ohne langes Zögern mein T-Shirt aus, stellte mich seitlich zur Klasse gewandt hin und zog meinen Bauch so tief ein, dass mein Knochengerüst samt Trichterbrust deutlich zu sehen waren. Und wie ich es mir heimlich gewünscht hatte, kam freundliches und erstauntes Lachen von den Leuten im Klassenzimmer. Sie klatschten sogar und jemand machte ein Foto. Julie hörte sich meine kleine

Geschichte ruhig an, lächelte und sagte, dass sie es süß fand. Das fand ich wiederum toll! Sie beschloss anschließend, die Gummibärchen, die sie ständig naschte, in meine Trichterbrust zu legen. So sei es praktischer, meinte sie.

Kein Wunder, dass ich nach solchen und ähnlichen Erlebnissen meine Trichterbrust nicht hasse. Im Gegenteil, ich habe gelernt, sie zu mögen. Und ich möchte mir generell immer mehr angewöhnen, aus der Not eine Tugend zu machen. Für mich als Russlanddeutschen bzw. Angehörigen einer russlandmennonitischen Gemeinschaft bedeutet dies vor allem, die scheinbaren und tatsächlichen Defizite, die in den verschiedensten Lebensbereichen auftauchen mögen, nicht als Gründe für Verklemmungen und Frustration zu dulden, sondern sie zu nutzen. Ich möchte das positive Potential des Ungewöhnlichen entdecken und mich gerne damit identifizieren.

Als ich als Aussiedler und Mennonit nach Deutschland kam, war ich anders als die anderen in meiner Klasse. Als ich dann dieses Jahr in den USA verbrachte, war ich schon wieder anders als die anderen in meiner Klasse. Und als ich heute morgen nach dem Duschen in den Spiegel sah,

grüßte freundlich meine Trichterbrust: Ich
beschloss, dass die Not, wenn sie
angeboren ist und ich sie nicht ändern
kann, bereits eine Tugend ist.

Der Trau(m)ring

März 2000. Heute Nacht hatte ich wieder einmal einen merkwürdigen Traum. Ich war in einer Sommernacht unterwegs mit meinem Bruder Jascha und meiner Schwester Mieche in unserem Opel Astra. Keine Ahnung, wohin wir wollten. Es war eine Großstadtstraße, breit, mit viel Verkehr und wir fuhren ziemlich schnell. Ich saß auf dem Beifahrersitz und drückte wie ein Fahrlehrer auf ein extra Gaspedal und versuchte einen alten weißen Opel Kadett irgendwo vor uns, gerade noch in Sichtweite, fernzusteuern. Da saß niemand drin. Irgendwann wurden wir zu schnell, es gab zu viele Kurven und ich verlor das andere Auto langsam aus meinen Augen. Ich wollte auf die Bremse treten, merkte aber, dass ich auf das Gaspedal drückte.

Zum Glück sah ich den weißen Wagen wieder vor uns und wollte ihn nun vorsichtig stoppen und an die Seite lenken. Aber wieder stellte ich fest, dass ich die Pedale verwechselte. Doch diesmal merkte ich es leider zu spät. Wir hörten einen großen Knall ziemlich weit vor uns und fuhren vorsichtshalber sofort auf einen abgelegenen Parkplatz auf der rechten Seite. Wir stiegen aus und sprachen aufgeregt miteinander. Da kam, vielleicht nach einer Viertelstunde, plötzlich meine Mutter auf den Parkplatz, als wäre sie aus der Küche ins Kinderzimmer gekommen. Sie sah etwas besorgt aus und meinte, die Polizei hätte sich bei ihr gemeldet. Sie hätten auf einer Videoaufzeichnung einer Tankstelle unser Auto zusammen mit einem weißen Unfallwagen gesehen und suchten uns nun. Meine Mutter wollte uns dies nur sagen und irgendwo an dieser Stelle hörte dann auch der Traum auf.

Inzwischen ist es fast 10 Uhr und ich arbeite am Schreibtisch. Als ich vorhin auf der Toilette war und pinkelnd so dasaß, hörte ich einen kleinen Metallgegenstand runterfallen. Vielleicht war mir ja eine Münze aus der Hosentasche gefallen? Ich schaute runter auf die Fliesen, sah aber nichts. Nach dem Spülen fiel mir bei einem flüchtigen Blick in die Kloschüssel plötzlich unten im Wasser etwas auf. Ich sah genauer hin und stellte fest: Mein Ehering liegt ja da drin, im Klowasser! Und er hat sich nicht wegspülen lassen! Ich war nun gezwungen zu einer kleinen Rettungsaktion. Ich freute mich, dass ich den Ring wiederhatte. Doch musste ich auch unwillkürlich an den Traum von heute Nacht denken.

Dach en Nacht

ALW

Amalgam
Leew Licht Lewe Lota
Waneea

* * *

Alwda Septamba

Dee Klock es twalw, dee Dach es doot
We jistre noch dee Welt soo groot
Nu licht se unja Schoot en Foot
Dee Klock es twalw, dee Dach es doot

Hia steit nu aules gaunz opp Null
Soo aus dee Himmel daut mol wull
En wan'a wada welle sull
Dan woat et twalw, dan woat et null

* * *

Belach!?

Wie schweete enne Bade
Tjene't nich vestone
Dee Dach well ons nich rade
Dee Nacht well nich vegone

Wie schweete en wie stehne
Dee Oge send wiet op
Wie doone waut wie tjene
En saje ons: Nu schlop!

Dee Klock jeit aul opp twee
En bute es et stell
Wie dreie ons bett dree
En dan sajcht see: Etj well

Etj well, daut du mie sajchst
Daut du mie nich vestehst
Daut du die ewalajchst
Auf du nich leewasch jehst

Daut du nich meea deist
Waut du nich meea wellst
Daut du looslatst, nich vedreist
Waut du bett nu noch hellst!

Daut sajcht see mie en tjitjt
Mie ernst en trurich aun
Spea et, feel et, ritj et
Waut etj nich saje kaun

See dreit sich om en stehnt
Deep ut eare Brost
Haulf utem Bad jelehnt
Tom Lewe tjeene Lost!

Stell fangt see aun to hiele
Bute woat et dach -
Etj he ahr dusche, tjwiele
En dentj nochmol: Belach!

Belach!?

* * *

Benan et nich

Et rant ute Hut
Auswan et gaunz von selwst
Ut dienem Tjarpa tjript
Lude Musitj
Du steist, dentjst aun aules en
Nuscht
Du best leicht
Dien Kopp dreit sich
Dee Bilda lote schmock ut
Du wellst dee Notel
Emma wada no veare schuwe
Oba et dreit sich aules
Emma wieda no hinje
Et saul bliewe
Soo goot, soo leicht, soo lud
Droag mie
Etj well fleje

* * *

Besopna Maun

Aufjebrejdet Toakel!
Schea die vonnem Hoff!
Soo schreech miene Mama
Aus see ahm wada troff
En dis besopna Maun
Jo, daut we mien Voda
Gaunz bedrunke wer'a
Wada kaum'a noda
En aus'a dicht bie miene
Truje Mama stund
Hold'a ut en schloch ahr eene
Deepe Wund!

Besopna Maun, best du Papa!?

Hauns, waut haft daut Lewe
Bloos von die jemoakt!?
Enjstlich tjitjde eare Oge en
See hield
Wan du wellst, dan bliew
Etj hab ne Supp jekoakt
Mien Voda stund en docht en tjitjd
En hield en tjwield
Naum haustich ute brune Buddel
Noch 'n Schluck
Hold ut en tjield ahr nochmol eent
Em Buck (Buck!)

Besopna Maun, best du Papa!?

Angst haud etj, musst zimlich zettre

Kunn nich hiele
Mie we, etj weet nich woo
Etj wull en kunn nich schrieje
Mien Hoat, mien Hoat schreech
Hundatdusend Kelemeeta
Besopna Maun, best du mien Papa?
Du mien Papa?
Tjeene Auntwot.
Stell sed Mama ahm:
Dit's Peeta

* * *

*Mien Voda drunk nich en soo wiet aus etj
weet haft hee uck niemols miene Mutta
jeschloage.*

Dee Droom vom Zockaboom

To vel Koffe? To vel Tee?
Wea weet, daut woat vleicht uck een
Droom
Jewese senne
Dee Klock, dee jeit nu aul opp dree
Etj schweet, etj dreem, mien
Oppjeweeldet Hoat
Daut puttat aus een Framda aune Dea
Wea weet, daut sie vleicht uck
Etj selwst! Etj schlop
Etj kom em Droom nohus no mie
Etj dreem Jeschichte utem ejnen Lewe
Dee noch niemols soo pessiet send
Dreem von Leew en Angst en
Jefft en Torte
Dreem von Fiend en Frind en aula Sorte
Zockabeem!
Een Biet Broot mett Solt en Zippellok
To vel Koffe? To vel Tee?
Wea weet, daut woat vleicht uck dee
Zockaboom jewese senne
Dee Zockaboom doa bute verre Dea
Jo, soone Beem
Dee wosse aul en miene
Russlauntdietsche Dreem
En haude dee doa aundre Bleda
Soo pusd dee Wint doch meist soo grulich
Derche Asta
Wan et Nacht we
Rand wie fot
En sochte deep en onse Dreem

Wacholdabeem
En funge emma bloos
Dee Notle
Wie watje opp mett Koppweedoag
Dit send aundre Siede
Aundre Bleda
Bute schniet et, Blott es aune Reda
Bute woat et wada dunkel
Bute! Benne oba schient dee Sonn
En schient to dach, to stell, to heet
Etj schweet, etj dreem, mien
Framdet Hoat ut Holt well nenn
Well rut
Daut puttat aune Dea
Woon Droom, woon Boom
Opp woone Sied, opp woonem Blaut
Daut es nu aula derchenaunda
Etj bruck noch een bet Tiet
Sajcht eene Stemm
Schlop moa, schlop moa
Es doch aules haulf soo schlemm
Schlop en dreem, en lew dien Droom
Von janem Zockaboom

* * *

Dee Morjesonn

Dee Dach es fresch
Wiet op send aula Fensta
Noch esset ruhich oppe Gaus
En oppem Desch
Hia bie dem Tjeatjefensta
Steit miene goode Koffetaus

Dee Sonn schient woam
Een gooda Schluck vom Koffe
Moakt miene Oge wada op
Etj sie nich oam
Mien Buck es woam vom Koffe
Mien Hoat von daut
Opp waut etj hop

Du dachet Licht
Go opp en mienem Lewe
Schien wetj en woam en ohne Enj
Du dachet Licht
Du wellst mie Lewe jewe
Schien wetj en woam en ohne Enj

Etj feel mie fresch
Dee Koffetaus es ladich
Sto opp vom Desch, go no de Dea
En dentj noch
Mensch
Daut Licht daut leet mie ladich
Wan etj nich derchjintj
Derche Dea

Knaul hoch dee Kraump en
Tjiel dee Tjlintj no unje
Schlo mettem Foot dee Dea wiet op
Tjeene Laump
Opp onse Welt hia unje
Jefft soovel Licht en Leew en Hop'

Du dachet Licht
Go opp en mienem Lewe
Schien wetj en woam en ohne Enj
Du dachet Licht
Du wellst mie Lewe jewe
Schien wetj en woam en ohne Enj

* * *

Doo

Moak dee Oge too, doo
Eenfach soo aus wan du
Wada hia bie mie best
Wada hia bie mie best
Moak dien Laptop ut, Brut
Komm no mie, nu ran rut
Welle toop bediesle
Welle toop bediesle
Moak doch, waut die jankat
Wies mie, waut die jankat
Doo, waut fe die goot es
Doo, waut fe die goot es

* * *

Droag mie

Droag mie
Ewa Dach en Nacht en Wota
Droag uck mie
Wan dee Wint dem Odla drajcht
Jung en fresch en stoatj
Soo seea aundasch
Best du
Etj kaun nich hoole
Hool mie
Heel mie
Hol mie boolt von hia en
Droag mie
Ewa Dach en Nacht en Wota
Ewa aula miene Bilda
Ewa Hoat en Holt en Iesa
Droag mie
Droag mie wiet
En lot mie rauf opp goodet Launt
En schlut mie op

* * *

Een Blaut

Word naut
Foll oppe Ed
Een Wot jintj fot
Aus see daut sed
Dee Noot we groot
Aus hee daut hed
Hee saut, vegaut
Dee gaunze Ed

* * *

Emma Isa

Leewsta Isa
Emma
Wan du waut Wichtjet
Waut Besondret, waut Goodet saje wullst
Brok diene Stemm
Manchmol meea, machmol weinja
Aus dee Parkinson toonaum
Papa
Dan worde dee Wed noch onndietlicha
Noch weinja, emma weinja
Kunn etj die vestone
Oba Papa
Dietlicha aus aules oppe Welt
Soo kloa aus dachet Licht
Gaufst du mie to vestone
Daut du mie goot best
Daut du daut Baste fe mie wellst
Daut du een Voda best
Dee eenen Sehn haft -
Uck mie steit fots daut Wota enne Oge
Veschwinjt dee Stemm
Wan etj die soone Sache saj
Papa
Gooda Voda
Leewsta Isa
Diene Leew es jrata aus
Dien Tjarpa
En vel jrata noch aus
Miena

* * *

Endoont!?

Waut saul etj doone
Wan linjsch en rajsch dee Welt
Ut eare Hoakes rutscht
Wan daut, waut bowe
Nu opp eenmol unje es

Wem saul etj roope
Wan linjsch en rajsch dee Lied
Mett Ed en Blood en Angst
Beschafticht send
Mie seene, oba mie nich here

Wea sitt mie hiele
Wan linjsch en rajsch mien Kopp
Mett Blood en Blott beschmeat
Besied mie licht - nu
Es dit uck mie endoont

* * *

Fading. Faith

Dit es mien Og
Dit es miene Nes
Dit es mien Mul

Witt woat mien Hoa
Witt woat mien Boat
Dit bloat mien Hoat:

Bliew!
Bliew!!
Bliew!!!

* * *

Hinja jane Wenj

Et pessere manchmol
Schlajchte Sache opp eene goode Sted
En manchmol goode Sache opp
Eene schlajchte Sted

Wie dreie
En vedreie en keteie ons
Bett goot es
Bett ons schlajcht es
Bett aules to Enj es

Jo, wan mien Hoat nich meea schleit
Dit Lewe jeit to Enj
Woa etj von Freid en Fred keteit?
Doa hinja jane Wenj

* * *

Hoafst, du doafst

Lang aul
Droag etj die en miene Brost
Lost
Die to leewe
Hab etj nich, en doch
Best du een Deel von mie
Etj spea die, wan etj oppstoh, en
Etj feel die, wan etj wada
Stell en meed em Bad lidj -
Tridj nom Farjoa bangt et mie
Wan etj aul' dee oole Bilda see:
Hia sie etj escht sewen
Hia escht twalw en
Doa escht (ooda aul?) achtien
Hia hab etj aul graue Hoa -
Dee Hoafst we emma aul vel noda aus etj
Docht (en meend en ohnd en wusst) en nu
Steit hee aul meist perseenlich
Verre Dea
Etj stal mie vea, daut etj se opmoak
Dise Dea
En heh mie meist aul saje
Hoafst
Du doafst

* * *

Lot ons nich toch

Lot ons nich toch
Sede siene Sehns
En hilde eare Henj no ahm
En ratjde eare Oarms so wiet
En soo lang
Bett se meist aufreete

* * *

Mama

Tjlien ooda groot
Em Jletj en enne Noot
Mett graue Hoa en krankem Foot
Mett Maunajrett enn uck mett Broot
Wiet wajch en oppe Schoot
Aum Lewe ooda doot
Etj sie die goot!

* * *

Maun lot

Tjitjd ntv
Bett enne Nacht
En stund noch lang auleen
Em Goade
Jintj han en hea en
Irjentwaut
Wull mie nich schlope lote
Sett enne Tjeatj
Deep em Aupel schniede miene Tene
Krauft tom Lewe
Ewre Leppe, Tung en
Derchem Hauls
Rant emma wada frescha
Sauft –
Dee Aupel es em Buck
Dee Mon noch emma vel to wiet
Dee Nacht haft nu beschlote
See woat mie schlope lote

* * *

1967 – 1997

Dartich Joa en etj foa
Wada wieda
Dee Besoa em Hoat
Woat langsam stella
Aules licht schmock oppjeriemt
En es vebie, etj sie
Aul wada reed
Opp eene aundre Sted mie
To vetjeepe
Driew dit Jeschaft mett
Haulwem Hoat bloos
Haulfjebakt
Nu aul een haulwet Lewe
Dartich Joa en etj foa wada
Een tjlienbet wieda
En auf et Blott es vom
Besoa
Ooda Ies vom kolden Wint
Etj foa haulf blint en
Sull vleicht mol dee
Fensta krautze
Weens een Loch
Well seene, woo et utlat
Oppe Gaus -
Woo sie etj bloos
Bett nu jefoare?

* * *

Noda Voda

Dien Dach
Mien Dach
Onse Welte send soo wiet
Utnaunda
Vele Kelemeeta, vele Joare
Parkinson en Tjrich en meea
Aus bloos eene framde Welt
Licht tweschen ons
Bridje
Jefft daut bloos en onsem Hoat
Lidje
Mottst du nu
Den gaunzen Dach en etj
Ran busich derche Welt
Lew wie bloos opp
Nobaschauft?
Etj see Lukas, mienen Sehn
En Jan, mien Jinjsta
En etj spea
Daut etj die emma noda kom
Etj kom die noda, Voda
Tolot?
Ooda mott wie beid noch
Tjlienbet wachte?

* * *

Nooa

Waut well Nooa
Mettem Ooa oppe Flooa?
Toojeschlote es daut Dooa
Bie dee Arche Nooa
Oba Nooa well doch here
Waut se rede, siene Tere
Nooa pult em Ooa
En lajcht sich oppe Flooa
Oba Nooa siene Flooa
Es noch ditja aus daut Dooa
En soo kaun'a goanich here
Waut se rede, siene Tere
Na, welle hope, daut se schlope
Es nich to moatje, daut se schnoatje?
En Nooa, nemm dien Ooa
Doch wada vonne Flooa

* * *

Psaulm 2009

Hee, dee
Ons Hoat tjant
Ons Blood rane lat
Ons Frind en Freid schentjt
Ons Fiend en Fia vom Lief helt
Mucht ons uck ditjoa
Bewoare

* * *

Ries von Belies

Ditje Beem
En Krut bett ewre Ore
Steena, Leem
Jie wachde nich, jie fore
Jie fore wiet
Derch Dach en Nacht en Wota
En foaken we nich kloa
Waut kome woat
Bloos een Boom lota -
Ditje Beem
En Krut bett ewre Ore
Schlope nu
En janem tjlienem Korn
En janem Droom
En janem Ries von jun Belies
Em Wota!
Vondoag noch tjlien en
Morje groot en riep en reed
Derch june Henj
Derch june Hiesa
Derch june schwoare Ed
Doa jeit een ooltkelnieschet
Schmustre -
Fe Struck en Graus
Fe Mensch en Tia
Fe aul dee wundaboare ditje
Beem von Morje
Een sondaboara Seajen

* * *

Russlaunt, Dietschlaunt

Russlaunt, Dietschlaunt: han en tridj
Haulf bedieselt sto wie opp
Bitt ons hia ne rusche Midj
Ritt ons doa een dietscha Kopp

Wie trocke wajch ut janem Launt
Woo ons dee Schereschliepa lowde
Trock ons daut Hoat? Trock dee Vestaunt?
Fot von woo wie Edschocke vegrowde

Opp emma oppe Sted to kloffe
Ne, daut es ons nich dee Sach
Trurich, waut wie hia mol troffe
Naum sich dee Nacht, meist ewadach

Soo tratj wie wieda, emma wada
Velote Nobasch, Hoff en Hus
Fe ons es dise Welt ne Lada
Krup wie nohecht? Send wie boolt tus?

* * *

Sodeltje

Weetst noch, Mieche
Hauns en Rudi nande die
Sodeltje
Eenfach Sodeltje
Wiels diene
Schmocke tjliene Nes
En Estlaunt oppem Hoff
Soo wundaboa jeseajent we
Mett Sommamole
Vele brune Sommamoltjes
Hauns en Rudi sache dee en
Schmustade
Wiels doa meddel em Jesecht
Een seeta tjliena Sodel jreesd
Een Sodeltje!
Die jefoll daut nich
Ooda speaschd du uck
Leew?
Leew, woone tjeene betre
Wed funk
Aus eenfach Sodeltje -
Uck miene Leew
Sesta
Hab etj vondoag doa
Noppjesat

* * *

Sonn

Afens dreemd mie
Daut etj mett die rede deed
Etj sach die lache
Rane
Nopp opp eenen grooten Boaj
Du en diene Tjinja
Jie lachde lud en weifelde mett
June Oarms en june Been en june Tjap
En rande wada rauf
En aus du unje wescht en
Wada ver mie stundsd
Dan rande mie dee Trone
En du sachst daut nich
Dreemd mie

* * *

Sputnik

Du dreemst
Dermeist
En jeist en plonst en deist
Von Dach bett Dach
Von Nacht bett Nacht
En emma
Tjemmt die waut
Doatweschen

* * *

Tridj

Et schele dee Jedanke
En eenem Fluss nohus no die
Aus een kloaret blauet Mea
Tjemmst du mie vea
Etj sie von die
Von die sie etj jekome
En tridj no die kom etj
Wan uck en disem Bad
Et tratjt mie tridj
Soo stoatj es et noch nich jewese
Etj lidj, sie reed
Speel du mie tridj
Nich Latje, Dreppe, tjeen Jetjieta
Etj well daut Mea
Etj well daut Wota ohne Enj
Mett miene Henj well etj et feele
Etj well et ritje
Well et here
Mett dise Oge well etj seene
Waut etj noch nich seene kaun

* * *

Trone vegone

Wie aula
Saute aul mol trurich enne Atj
En hielde jane Latje enne Datj
Jo, wie pesunde, wie hielde
Wie grulde ons en tjwielde
Schnoddasoltje Trone
Krokodilsjewaultje Trone:
Escht schele se, dan fehle se
En wan dee latste Trone
Dan vegone
Dan dieselt ons noch bet dee Kopp -
En wie
Stone wada opp!

* * *

Vereatjent

Waut
Rant doa derch diene Henj?
Aum Enj
Best du noch zimlich naut
Hinja diene Ore
Hast du escht nu jemoatjt
Daut
Nehme schwind uck Jewe heet?
Wea weet
Du best vleicht wiet jekome
Hast jenome
Waut du nehme kunnst
En vondoag
Rant die daut eenfach derche Henj
Aum Enj
Hast du uck daut veloare
Waut die aum Aunfang
Gone leet
En du jinjst wiet
Jo, du best wiet jegone
Woohan, es die vondoag endoont
Wiels bloos daut Gone loont
Sajchst du, en twiewelst
Wiels
Diene Been en diene Feet
Nich meea welle en
Dee Henj
Nich meea hoole
Waut du hoole wellst
Waut
Rant hia derch diene Henj?

Etj hop, du hast doamet
Jereatjent

* * *

Waut es dit?

Dee Mon we nich schult
Uck wan hee
Dach schiend, soo dach
Jo, dee Nacht we butajeweenlich
Etj schuw dee Schult opp ahr
Setj etj Schult?
Wurom?
Deed etj nich aules aul emma
Enne Dreem
Em Kopp
Wan etj schmustad
Wan etj rede deed
Eenfach rede
En toohorche
Rede
Om to jewenne
En biem Rede mok etj
Schult -
Doa sie etj aul wada
Etj sie onruhich
Waut es dit?
Dit Jefeel
Dit Bange no Leew
Eene Sort Leew
Dee etj nich opp emma
Hoole kaun

* * *

Wea weet

Wie stone jieda Dach opp
Wie habe daut emma soo drock
En daut, waut wie doone
Daut mott sich uck loone
Dee Welt saul doch seene
Daut Goode en Scheene
Bie ons!

Opp Oabeit schweet wie ons meed
Send pienich en emma reed
En daut, waut wie doone
Daut mott sich uck loone
Dee Chef saul doch seene
Daut Goode en Scheene
Bie ons!

Nomeddach kom wie nohus
En Oabeit finj wie uck tus
En daut, waut wie doone
Daut mott sich uck loone
Dee Fru saul doch seene
Daut Goode en Scheene
Bie ons!

Aum Sindach go wie to Tjoatj
Wie spende fe een goodet Woatj
En daut, waut wie doone
Daut mott sich uck loone
Ons Gott saul doch seene
Daut Goode en Scheene
Bie ons!

En dan send wie uck mol oolt
Dee latste Stund tjemmt dan boolt
Wie tjene nuscht doone
Waut woat sich nu loone?
Es nu noch to seene
Daut Goode en Scheene
Bie ons?

Wea weet

* * *

Wienachte

Tschipucha
Nich schlemm
Daut sed'a foaken
En daut meend'a uck jenau soo
Oba hee sed mie vondoag uck
Daut Hee
Dee ons aula goot tjant
Dee aules moake kaun
Mie bewoare woat
Mie aules jewe woat
Waut etj bruck
Daut sed'a
En bruckd doatoo dee Stemm
En dee Leew
Von sienem ellsten Sehn
Tom daut Hoat von sienem jinjsten Sehn
Een bet stella moake
Een bet Sonn jewe
Een bet ennseepe mett Schnee
Een bet speare

* * *

Bruck dem Dach

Froag nich
(Daut doaf een Mensch nich weete)
Woon Enj fe mie, en woont fe die
Dee Gottheite sich utjedocht ha
Leukonoosche
En dee Babyloonsche Stern
Lot toch
Wiels woovel beta doch, wan eena
Droage kaun, waut tjemmt
Jefft Jupiter ons vele Wintasch noch
Ooda dem latsten
Dee nu aun Stiepasteena bratjt
Em Mea von Tyrenoi
Lew mett Vestaunt
Hool kloa dem Wien
En moak dee lange Hopninj kort
Noch wan wie rede
Rant dee domme Tiet ons fot
Bruck dem Dach en
Jleew moa weinich bloos aun
Morje

* * *

Frie ewasat: "Carpe diem", een Jedicht von
Horaz (Carmina: Carmen 1,11)

Soonat 18

Etj meen, du litjenst eenem Sommadach
Doch du best schmocka noch, hast meea Kult
Dem Farjoa ritt dee Wint dee Bloome wajch
Dem Somma uck fehlt foaken dee Jedult

Mol schient dee Sonn vom Himmel vel to heet
En foaken es sien goldna Glaunz soo schwak
Daut Scheene es uck irjentwan nich scheen
Natua en Toofaul driewe Schobanak

Doch mucht dien eewja Somma nich vegone
Nich weinja woare, waut du Scheenet hast
En nich em Doot sien Schaute saulst du wohne
Wan benne best en eewje Tiet ea Nast

Soolang dee Mensch noch pust, sien Og noch sitt
Soolang uck lewt en Lewe jefft die dit

* * *

Frie ewasat: "Sonnet 18" vom grooten
William Shakespeare

91

Jewaultje Jnod

Jewaultje Jnod – leet mie nich toch
Mie Schwien haft see jeradt
Etj we gaunz fot, see funk mie doch
Nu woat et wada dach

Kratjt dise Jnod, dee gruld mie enn
En naum dee Angst uck fot
Woo wundaboa dee Jnod kaum nenn
Aus etj escht eenmol jleewd

Jefoa en Kwol en schwoare Tiet
Hab etj aul derchjemoakt
Grods dise Jnod brocht mie soo wiet
En brinjt mie uck nohus

Mien Gott vesprok mie Goodet bloos
Sien Wot lat hope mie
Hee es mien Schutz, hee es mien Loos
Bett aules es vebie

Jo, wan mien Hoat nich meea schleit
Dit Lewe jeit to Enj
Woa etj von Freid en Fred keteit
Doa hinja jane Wenj

Dee Ed woat schmelte boolt aus Schnee
En diesta woat dee Sonn
Doch Gott, dee mie hia roopd, jo, hee
Jehet opp emma mie

* * *

*Frie ewasat: daut Leet "Amazing Grace" von
John Newton*

Von goode Majchte

Von goode Majchte wundaboa jeborje
Wacht wie jetroost opp daut, waut kome woat
Gott es mett ons aum Owent en aum Morje
En gaunz jewess aun jiedrem niejen Dach

Von goode Majchte tru en stell ommjewe
Soo secha en soo ruhich wundaboa
Soo well etj dise Doag nu mett junt lewe
En mett junt gone en een nieet Joa

Noch well daut Oole onse Hoate tjwele
Noch dretjt ons ute Tjrichstiet schwoare Laust
Ach, Har, jeff onse oppjeschratjte Seele
Daut Heil, fe daut du ons jeschaufe haudst

Noch rehtjst du ons den schwoaren Kroos, den bettren
Mett aul dem Schwoaren voll bett bowrem Raunt
Soo nehm wie ahm doch dankboa ohne Zettre
Ut diene goode en leewtolje Haunt

Doch wellst du ons noch boolt mett Freid beschentje
Aun dise Welt en uck aum Sonneglaunz
Dan well wie daut Vegon'ne uck jedentje
En dan jehet die uck ons Lewe gaunz

Lot woam en dach vondoag dee Laumpe brenne
Dee du ons hia em Dunklen hast jebrocht
Wan du ons, wan et jintj, doch wada toopbrochst!
Wie weete daut: Dien Licht schient enne Nacht

Wan runt om ons nu aules aules stell woat
Dan lot ons here janen vollen Klang
Ut jane Welt, dee eena meist nich ennwoat
Von aula diene Tjinja ea Jesang

* * *

93

Frie ewasat: "Von guten Mächten" von
Dietrich Bonhoeffer

Leew tjant tjeene Jrenze

Aus etj met sewen Joa, sewen Jeschwista
en een Poa Ellre hia en Dietschlaunt
aunkaum, jinje dee eschte Doag aus em
Droom aun mie vebie. Von eene
„Notwohnung" en Friedlaunt jintj daut
dan wieda no eene aundre „Notwohnung"
en Unna-Massen. Hia lehd etj dan uck
futs twee Nootsproake opp eenmol:
Dietsch en miene eschte Klaus bie eenem
polnischen Dietschlehra, en Rusch oppe
Gaus bie miene russlauntdietsche Frind.
Miene Muttasproak we je emma noch
Plautdietsch. En jenau dise Sproak es
dochwoll uck dee Grunt doafea, wuromm
mie daut vele Reise en Jrenze-Ewagone
ewrehaupt nich stere deed: Mett
Plautdietsch en soone Mensche, woone
daut uck rede, feeld etj mie aulaweajen
tussich.

Soo tussich aus een Tjint moa sich tussich
feele kaun, feeld etj mie aune Brost bie
Mama, aus see mie Dach en Nacht en
earem selwstjebuden Hus en Sibirien mett
sich rommschlapd. Daut we en eenem
tjlienen Darp mettem Nome Bojewoi,
dicht bie Omsk em Sied-Waste von
Sibirien. En aus etj aul no dee Nobasch
krauble kunn, haud etj nich daut Jefeel,
daut etj ewa eene framde Jrenz kroop:
Dee Nobasch were onse Frind. Mett twee

Joa huckd etj dan en dee Transibirische Iesabohn en wie fore aulatoop, ohne daut etj daut moatjd, von Russlaunt no Estlaunt. En daut dee nieje Nobasch nu opp Estnisch nobade, daut we mie uck noch nich gaunz dietlich: Etj funk nu escht eenmol aun, selwst soo to rede, aus miene Ellre en Jeschwista, nemlich Plautdietsch. Von eenem Unjascheet tweschen Sproake, Mensche en Lenda wusst etj soovel aus von Kaugumm-Automate: nuscht!

Kaugumm-Automate send daut eensje, waut mie soo rechtich goot en Erinnarung jeblewe es von miene eschte Doag en Dietschlaunt. Daut kaum soo: Nodem wie fief Joa en Estlaunt were, trock wie mol wada ewa eene Jrenz, en ditmol no Dietschlaunt, woo dochwoll irjenteena von miene U-U-Grootellre jelewt haft. Soo's aula Utsiedla ooda Ommsiedla kaum wie en Friedlaunt aun en waut mie daut eschte oppfoll, daut were dee schmocke bunte en jeheimnisvolle Kaugumm-Automate! Etj sach, woo eena doa een poa Kepietje nennschmeet en eene Zhiwatschka rutdrejd – wundaboa! Zhiwatschka es daut rusche Wot fe Kaugumm. Etj musst draun dentje, woo miene Sesta Ani en Estlaunt von irjenteenem Frint mol ne Zhiwatschka tjreech en daut goode Gummtje dan ewanacht emma oppem Fenstabrat bakd, doamett see daut aum neachsten Dach wiedakaue kunn. Etj hab ahr bett vondoag noch nich vetalt, daut etj denacht oppstund en heimlich aun earem Gummtje kaud. See lewt je nu en Malawi en Afrika. Saul etj ahr nu doaweajen extra aunroope en daut betjane? See weet je nuscht davon. Nu weens stund etj en Friedlaunt ver eenem Kaugumm-Automat en we jletjlich, daut Papa mie soo een niejet 10 Pennich-Stetj schonk.

Dee Jrenze, woone etj mett miene sewen Jeschwista hia en Dietschlaunt hinja mie leet, were escht mol dee von zimlich vele Wohnsteda: von Friedlaunt jintj daut no Unna-Massen, von doa no Siegburg em Rheinlaunt, woo wie wada von eene Notwohnung en eene aundre trocke. Irjentwan bude miene Ellre dan een Hus, oba dan trock etj uck aul boolt fe een Joa ne Los Angeles enne USA, woo mien Brooda Rudi mett siene junge Femilje lewd. Lota mok etj dan mienen Zivildeenst en Bad Salzuflen en trock dan mett miene freschjebakde Fru no Detmold, woo dee oola Hermaun steit. Vondoag wohn etj en Oerlinghausen, woo dee Komsttonn steit, en red emma noch Plautdietsch, weens mette Schwiejaellre. Mie schient soo, aus wan etj emma noch een Tjint sie.

Aus etj een tjlienet Tjint we, spead etj tjeene Jrenze, wiels etj emma en mett aulem opp miene Muttasproak Plautdietsch rede kunn. Daut groote Tjint, daut etj vondoag sie, speat tjeene Jrenze, wiels et een poa framde Sproake jeleht haft en aulaweajen tus es: Aulaweajen tus, wiels daut aulaweajen oppe Welt Mensche jefft, dee eare Mutta opp eare Sproak leewe – en Leew tjant tjeene Jrenze!

Sewen Joa

„Papa, saj mol, wescht du seea bossich, aus du mie doa em Spejel sachst?" „Bossich? Na ne, Peeta", sed mien Voda stell, schmustad, tjitjd jlitj no veare. Dee Autobahn we zimich ladich, we je uck noch tiedich zemorjens. Mien Brooda Hauns sull Klock acht en Frankfurt aunkome. Hauns es mien ellsta Brooda.

Noch eene gaunze Stund wudd wie bettem Aeroport foare motte. Etj weet nich meea, wurom wie opp dise Jeschicht jekome were, oba wie haude aul wada ewa janen Owent en Estlaunt jeredt. Jan Owent, aus etj soovel Schis haud, daut etj mie meist nich enne Betjse mok! Papa we je aul emma Schoffa, musst Meschiene foare, meist soo aus een Taxi-Maun. Aus wie noch en Sibirien lewde, dan we hee dee Schoffa von eenem Agronoom. Aus wie dan no Estlaunt trocke – dee Lied sede, von Estlaunt tjene dee Dietsche beta rut ute Sowjetunioon, rut no Dietschlaunt – jo, doa en Estlaunt we Papa dan wada Schoffa, oba mett eene groote Meschien tom Maltj fehre. Sien GAS 51 ritjd no Bensien en hee foh den gaunzen Dach derche Jeajent en saumeld Maltj en brocht dee opp eene Kolchos-Sted, woo se dan veoabeit word. Foaken naum Papa mie en mien Brooda Jascha mett. Aun janem

99

Dach speld wie aula oppem Hoff verrem
Hus, aus Papa verrem Owentkost mett
siene groote Meschien nohus kaum, ete
wull, en dan dee Meschien wada fotbrinje
wudd. Jieda Owent brocht hee dee
Meschien en eene Kolchos-Garazh en doa
bleef se dan fe dee Nacht. Papa kaum dan
jeweenlich mettem Flitzepee wada tridj.
Nu wer'a noch tus. Nu saut hee noch doa
mett Mama en mette jebrodne Edschocke
enne Tjeatj. Daut we soo een scheena
Somma-Owent, soo scheen, daut etj en
Jascha en Mieche nich ete wulle, wiels
wie bute noch wieda spele wulle. Wie
kroope oppe Meschien nopp. Hinje, woo
dee groota Kusow mettem Bak we, dis
groota Tank fe schratjlich vele Lita Maltj,
doa we besied Plautz tom Rommrane,
Rommkrupe en Vestoppe-Spele. Oj, daut
jintj ons emma scheen! „Raufa, Tjinja, etj
mott foare", hed wie Papa nu opp eenmol
lud saje. Schod, doch etj, seea schod. Etj
sach, woo Jascha en Mieche aul rauf
huppsde en enne Sommatjeatj nennrande.
Etj kroop hinja dem Bak, hed aul dem
Metooa bromme, wull oba nich rauf. Haft
Papa mie nich jeseene? Dochwoll nich.
Etj bleef stell sette. Mie jintj daut nu
scheen en schlajcht tojlitj. Mien Hoat
funk aun to puttre. Etj we oppjereajcht, etj
we onjehorsam, etj deed waut Nieet, etj
deed goanuscht, etj saut doa bloos en
spead dem Wint, dee stuckana Wajch,

sach daut Hus aul hinja mie. Bute word et dunkel, dee aundre Meschiene oppe Gaus haude aul daut Licht aun. Mie kaum daut soo vea, aus wan wie von Russlaunt bett Dietschlaunt fore. Oba daut we bloos von onsem Hus bette Garazh – doa we se aul. Langsam foh Papa mettem GAS 51 oppem grooten dunklen Garazh-Hoff nopp, bog poamol romme Atj, en aus dee Metooa stell we, stund uck dee Meschien stell. Hia enne Garazh we daut nu gaunz dunkel. Opp dem Jedanke, mie to wiese, we etj goanich mol jekome, soovel Angst en Schis haud etj. Mien Hoat puttad nu noch dolla. Papa kroop ute Kebien, naum sien Flitzepee, schloch dee Dea too, jintj ute Garazh en mok dan uck daut Garazh-Dooa too. Too! Waut nu? Etj we doa mett miene sas Joa gaunz auleen enne diestre Kolchos-Garazh en tjeena wusst, woo etj sie. Etj weet vondoag nich meea, waut mie doa derchem Kopp jintj. Etj weet bloos, daut een poa Menut lota mien Voda wada daut Garazh-Dooa opmok, enne Meschien kroop, dem Metooa aunbrommd, en nohus foh. Nohus? Vestone deed etj nuscht, oba freie deed etj mie seea. En uck grule! Wiels nu wudd etj bestemmt eene jescheide Strof tjriee! Noch saut etj doa vestoppt hinjrem Bak. Aus Papa mette Maltj-Meschien aul vonnem Asfalt-Wajch raufbog, oppem stuckanen Wajch nopp, dan tjitjd etj

eenmol kort velenjst dem Bak no veare.
En doa sach etj dan dem Spejel mett Papa
sien Jesecht: Siene Oge tjitjde jenau no
mie! Aus hee mie ennword, vefehd wie
ons beid, hee hild haustich aun.

„Peeta?“

„Papa?“

Hee kroop nu oba seea haustich rut, noch
haustja puttad mien Hoat, daut jintj mie
aul wada scheen en schlajcht tojlitj, oba
dan bloos scheen, wiels Papa mie doa
raufnaum, mie gaunz stoatj aun siene
Brost naundretjd, gaunz lang, etj kunn
sien Schweet ritje.

„Wescht du nich bossich, Papa“, froch etj
nu wada mien Voda. Wie were aul meist
en Frankfurt, etj sach, daut Papa emma
noch schmustad.

„Bossich? Ewa diene Dommheit haud etj
mie een bet jewundat, jo. Oba die bossich
senne? Etj freid mie doch, daut du doa
nich enne diestre Garazh bliewe musst.
Dee gaunze Nacht! Oba Lied, waut we
daut jeworde!“

„Oba saj mol Papa, wurom wescht du
wada tridj jekome en nohus jefoare? Sest
bleef dee Meschien doch emma denacht
enne Garazh. Wurom aun janem Owent
nich?“

„Etj haud dee Meschien enne Garazh
jebrocht en wull enne Banj bode gone,
oba etj haud miene Seep en mien

Hauntdok vejete", sed Papa. En hee
schmustad aul wada. Wie were dicht biem
Aeroport. Bowe floch een Samaljot. Wie
haude Hauns aul vele Joare nich jeseene.
Papa schmustad nich meea.

Peeta sien Peltoo

„Schwind, spood die, jeff mie diene Tjleeda" sed Hauns ahm. En Peeta, oppjereajcht, ute Pust en aum gaunzen Lief aum Zettre, streepd sich dee bloodane, jriese Sache auf, gauf se ahm, trock sich schwind dee reine Betjse aun, uck Hauns siene Majka en dee Jak en we aul boolt ewa aule Boaj. Escht Joare lota trud hee sich wada en daut Darp, woo hee siene gaunze Tjintheit mett sienem Brooda, dem hee soo seea litjend, jewohnt haud. Hee we aun janem Dach zimlich besope jewese, aus hee no Hus jerant kaum en een Hupe Mensche ahm hinjaraun were en ahm bestrofe wulle. Hee haud en sienem bedrunknem Toostaunt em Darp eenen jungen Maun ommjebrocht en we fotjerant. Sien Brooda Hauns haud ahm tom Jletj ut jane schlemme Loag jeholpe. Dee Ellre lewde je aul lang nich meea, oba nu wull Peeta entlich weete, woo daut sienem Brooda jintj en auf dee Polizei em Darp emma noch no ahm, dem Schwoaten Peeta, dem Fotjeranden, socht. Nu tjand ahm hia em Darp tjeena meea, aus hee sich oppem Besoa no dee oole Jeschichte erkundje deed. Oba aus dee Lied ahm sede, daut dee Polizei noch aum selwjem Owent, aus daut pesset we, den jejrepnen „Peeta" ve-udeelt haud en mettem Doot bestroft

104

haud, veschloch et ahm dee Stemm... Jo, ahm word meist schwoat ferre Oge. Hee rand nom Rechta en schreech vetwiewelt, daut hee deejansja we, woona... Oba dee Rechta sed, daut doa nuscht meea to endre we: een Lewe fe een Leewe. Oba doa we noch een Breef von Hauns aun sien eensjen Brooda, meend dee Rechta. En wiels sich rutstald, daut Peeta dee eensja Brooda we, tjreech hee dem Breef en laus dem uck futs. Hee laus dem emma wada. Doa stund nich vel, oba Peeta laus daut aules emma wada, emma wada laus hee daut... Ahm schelde dee Trone, hee kunn daut aul utwandich, oba hee laus daut noch mol en noch mol en noch mol. Doa stund jeschrewe:

„Mien leewa Brooda, vondoag woa etj ut friejem Welle en dienem bloodanen Peltoo stoawe. Nu bedd etj die: Lew met miene reine Tjleeda en weet, daut etj die goot sie. Gott sien Seajen wensch etj die. Hauns"

Lang bleef Peeta noch oppe Trap verrem Hus sette, dem Breef enne Henj. Dan stund hee opp, wosch sich, en trock Hauns siene reine Sache aun.

Frie novetalt no eene Jeschicht von Patricia St. John

105

Interview Poetry

Interview Poetry:Wenn bekannte Persönlichkeiten in ihren Interviews über sich selbst und über ihr Werk plaudern oder berichten, dichten sie auch. Nimmt man einige Worte oder Zeilen aus ihren Antworten heraus, ergibt sich ein Interview-Gedicht.

Wie geht's?

Klar werde ich das vermissen
Gedanken zu formulieren
Software
Macht mir riesigen Spaß
Apple und Google
Paroli bieten
Mehr brillante Forscher denn je
Mehr Umsatz denn je
Mehr Gewinn denn je
Allgegenwärtig
Viel Geld
Weite Verbreitung
Frusterlebnisse
Nie ausschließlich positiv
Nie ausschließlich negativ
Melinda
Die Stiftung
Nicht die extreme Auffassung von
Carnegie
Aber
Der Gesellschaft
Die einem Wohlstand ermöglicht
Etwas zurückgeben
Auf kluge Art und Weise

* * *

Worte von Bill Gates: Ausschnitte aus einem
FAZ-Interview (2008) von Roland Lindner
mit William „Bill" Henry Gates III

You Ri Gaga Rin

Ich liebe Freddie Mercury
Dieses beschissene kleine Apartment in
Manhattan
Männer
Fast alle sind erschreckend
Eindimensional
In erster Linie glaube ich
Dass wir alle
Unsere Wunden zur Schau stellen
Schadensprofile
Die das Leben in unseren Seelen und
Körpern hinterlassen hat
Menschen sollen freundliche Felsen sein
Die dem Meer aus Langeweile trotzen
Der Gleichförmigkeit
Bei mir hat es jedenfalls funktioniert
Ich lebe und atme gaga
Pokerface
Just Dance
Die totale Selbstvernichtung
Die Zerrissenheit meiner Seele
Wie die meisten Künstler trage ich
Einen Aufruhr
Einen Sturm in mir herum

* * *

*Worte von Lady Gaga: Ausschnitte aus dem
Interview "Menschen müssen gaga sein" in
stern.de vom 18.08.2009*

Heiliger Stuhl

Mein Haus ist angestrichen
Ein Zeichen für ganz Vieles
Großartig
Mut zu endgültigen Entscheidungen
Risiko
Sich ein Leben lang zu binden
Die richtige Richtung im Raum
Möglichst schnell und vor allen Dingen
Dauerhaft
Respekt vor den vielen Stimmen
Eine positive Idee
Dass Mann und Frau
Zueinander geschaffen sind
Ich fühle mich nicht sehr stark
Nicht bloß reserviert und pünktlich und
Diszipliniert
Auch spontan, fröhlich
Gastfreundlich
Ich bin ja schon mehrmals zerteilt worden
Meine Grundvision ist gewachsen
Identisch geblieben
Ich versuche
Freude daran zu finden

* * *

*Worte von Papst Benedikt XVI: Ausschnitte
aus einem Fernseh-Interview deutscher
Journalisten mit dem Papst im Sommer 2006,
veröffentlicht u.a. auch von SPIEGEL online*

Ganz normale Dinge

Wenn wir mal
Zeit miteinander verbringen
Dann sitzen wir einfach herum
Quatschen
Oder schauen uns Filme an
Ich selbst
Könnte niemals ein Charakter sein
Der nicht ehrlich ist
Da er sonst sein Geheimnis verliert
Ich komme aus Tennessee
Und mache ganz normale Dinge
Ich möchte einfach weitermachen
Ich liebe das Schauspielern und Singen
Ich bin immer noch sehr jung
Mein nächstes Projekt
Ein Drama
Eine intensivere Rolle
Ständig jemand im Nacken
Mein bester Freund
Er ist so viel stärker als ich
Meine Familie
Meine Träume
Dinge
Die wir tun wollen
Lieben

* * *

Worte von Miley Cyrus: Ausschnitte aus
einem Interview in maedchen.de 2009

Mal so, mal so

Das russische
Und das deutsche Volk
Nach einem Fackelumzug neben
Honecker
Gut gelaunt
Radikale Veränderungen
Ende
Wiedervereinigung
Überwindung
Für das nächste Jahrhundert
Geistige und menschliche Gräben
Aufgerissen
Glasnost und Perestroika
Meine Familie
Enorme Opfer gebracht
Man muss bis zum Äußersten gehen
Wenn man wirklich etwas erreichen will
Was ich jetzt tue?
Ich gehe in die Sauna

* * *

Worte von Michail Gorbatschow:
Ausschnitte aus einem BILD-Interview 20
Jahre nach dem Mauerfall in Berlin

Plan B mit Schokolade

Hinter Radiohead
Hinter Take That
Ich werde nicht verfolgt
War nie auf der Jagd nach dem
Berühmtsein
Normales Leben
Viel Spaß
Meine Eltern, meine Schwester
Das Beste ist
Dass so viele Leute meine Musik hören
Das Schlechte
Viele Falschmeldungen in der
Öffentlichkeit
Zitate
Die du gar nicht gesagt hast
Das bleibt dann ewig
Das hier war
Plan B
Plan A war es
Zur Uni zu gehen
Geographielehrerin werden
Ich fliege
Zwischen den Auftritten
Im Pyjama
Mit Schokolade

* * *

Worte von Amy Macdonald: Auschnitte aus
einem Interview mit VIP.de im Sommer 2010

Kor an Deutschland

Schon wieder ein Kopftuch
Schon wieder ein Kinderwagen
Die Leistungen gehen dramatisch runter
Innovation in Deutschland
Behindert
Ich bin kein Rassist
Habe meine Möglichkeiten
Bis an die Grenzen des Tragbaren
Ausgedehnt
War für den Staat ein Schnäppchen
Humor
Der ganzheitliche Thilo Sarrazin
Bücher
In einem Rutsch durchgelesen
Mit meiner Frau diskutiert
Eine Menge gesunder Menschenverstand
Eine Menge Herz
In der Lateinarbeit vier minus
Weil ich gerne
Meinen eigenen Wegen folge
Mit meinem bürgerlichen Hintergrund
Nobelpreisverdächtig
Sachlich
Eine europäische Promenadenmischung
Hugenotten aus Lyon
Englische Großmutter
Mein Name
Von arabischen Seeräubern
In einer Welt
In der jeder Integrationsbeauftragte
Erfolgsquoten herunterbetet

Chancen
Defizite
Das einzelne Kind kann ja nichts für seine
Angeborene Ausstattung
Für seine
Geschichten verpasster Chancen

* * *

Worte von Thilo Sarrazin:
Ausschnitte aus einem Interview der Berliner
Morgenpost vom 29. August 2010

Klumination

Sehr viel gereist
Ein Haus mit einem schönen Garten und
Viele Kinder
In New York vor der Kamera
In Deutschland
Hühnersuppe, Fisch
Das artet ja sonst aus
Die richtigen Werte vermitteln
Mit beiden Beinen
Nicht in der Luft herumschweben
Nicht jeden Mist mitmachen
Tänzerin
Mauerblümchen
Immer ganz vorn in der Neonhose
Voller Leidenschaft
Ein bisschen Muffensausen
Spaß bei der Arbeit
Ich schmeiße einfach alles
Wahllos in den Topf
Bin schon
Im Meer mit Haien geschwommen
Früher
Da war mir alles egal

* * *

*Worte von Heidi Klum: Ausschnitte aus
einem Amica-Interview von Katharina von
der Leyen mit dem deutschen Supermodel*

Painful Power

It was extremely difficult
The killings and the bitterness
Issues of revenue sharing, oil and taxation
How do you share power?
The struggle is about each group's
Position
Take a critical look at what is going on
If necessary, change course
Before a shot had been fired, you had
Millions in the street
And it didn't make a difference
Very difficult, very painful
I really, really felt
We should have tried harder
Who and what is the United Nations?
Your government and mine
My biggest regret
23 wonderful colleagues and friends
Blown up overnight
Would they be here if there hadn't been
This situation?
Would they be here
If I hadn't asked them to go?
I did it my way
My predecessors did it their way
He should do it his way

* * *

Worte von Kofi Annan: Ausschnitte aus
einem BBC-Interview im Dezember 2006

Pars pro Pfefferminztee

Da stehe ich
Pars pro Toto für Deutschland
Alles andere als selbstverständlich
Integration
Viele kleine Steinchen
Die sich fügen oder nicht
Unter sehr veränderten
Parteienverhältnissen
Eine unglaubliche Aufgabe
Deutschland lächelt
Misstrauen gegen Veränderung
Spielraum für eine sofortige Lösung
Eine Versöhnung
Es geht auch um Wertschätzung
Politik
Immer ein Spiegel der Gesellschaft
Unterschiede zwischen gesund und krank
Sind sehr klein
Wenn mir die Augen mal zufallen
Pfefferminztee
Zwischen ganz unten und ganz oben
Druck aushalten
Distanz

* * *

Worte von Angela Merkel: Ausschnitte aus einem ZEIT-Interview mit Giovanni di Lorenzo und Bernd Ulrich vom 21.11.2009

Gegen den Tag

Das war zu viel
Zynisch
Unser Publikum
Weiß manchmal gar nicht
Wie groß und bedeutend der Kerl ist
Selbstverleugnung
Angst
Kein besonders hilfreiches Gefühl
Ich bin ein Spaßmacher
Leichtgewichtige Gesellschaftskritik
Kindisch und respektlos
Immer mit einem Rest Wahrheit
Links
Oder rechts
Um den Ernst herum
Nur einen Funken Verstand
Homer und George Bush
Apathisch
Kreativität und Kreationismus
Wahn breitet sich aus
Nichts ist von Dauer
Selbstverständlich bin ich für Al Gore
Dass er Präsident wird
Also wer weiß

* * *

*Worte von Matt Groening: Ausschnitte aus
einem Interview der Süddeutschen Zeitung im
Sommer 2007*

Matt Groenings große Erfindung (Die Simpsons) wird von der SZ als "erfolgreichste und beste Zeichentrickserie der jüngeren Moderne" bezeichnet. Groenings Vater Homer und dessen Vorfahren waren Plautdietsch sprechende Russlandmennoniten.

Info

Was ist Plautdietsch?

Plautdietsch ist die Sprache der Russlandmennoniten und wird weltweit von über einer halben Million Menschen gesprochen - in Deutschland von etwa 200.000 bis 300.000 Sprechern.

Als Varietät des Niederdeutschen hat sich Plautdietsch im 16. und 17. Jahrhundert im Weichseldelta bei Danzig herausgebildet. Die von mennonitischen Flüchtlingen mitgebrachten Varietäten des Friesischen, Flämischen sowie verschiedene Plattdeutsch-Versionen aus Norddeutschland bildeten zusammen mit den westpreußischen bzw. ostniederdeutschen Varietäten ein neues sprachliches Amalgam. Dieser Sprachmix namens Plautdietsch blieb für die Russlandmennoniten die wichtigste Umgangssprache im Verlauf ihrer späteren weltweiten Migrationsgeschichte (siehe Stichwort Russlandmennoniten).

1999 wurde in Deutschland von russlanddeutschen Aussiedlern der Verein Plautdietsch-Freunde e. V. gegründet. Dieser Verein hat sich die Dokumentation und Pflege der plautdietschen Sprache zum Ziel gesetzt, veranstaltet jährliche Fachtagungen sowie Studienreisen und gibt die Zeitschrift Plautdietsch FRIND heraus. Auf nationaler und internationaler Ebene bieten die Plautdietsch-Freunde ein Forum für die verschiedensten Interessen rund um Plautdietsch. Es entsteht ein immer größeres Netzwerk, das auch die Plautdietsch-Sprecher in Russland, Kanada, in den USA sowie in den mittel- und lateinamerikanischen Staaten einschließt.

Die größte Siedlungsdichte der Plautdietsch-Sprecher in Deutschland ist in Ostwestfalen-Lippe auszumachen, während größere Sprechergruppen auch in der Region um Neuwied, Gummersbach oder Köln/Bonn zu finden sind. Im Gegensatz zu den autochthonen Sprechern der norddeutschen Niederdeutsch-Varietäten haben sich die Plautdietsch-Sprecher als Teil der russlanddeutschen Einwanderergruppe auch in den süddeutschen Bundesländern angesiedelt. Die Vereine und Institutionen von Plautdietschen sind gleichzeitig auch Migrantenselbstorganisationen (MSO).

Die sprachpolitischen Interessen der Plautdietsch-Sprecher werden durch Delegierte der Plautdietsch-Freunde im Bundesrat für Niederdeutsch (Bremen) vertreten. Hier geht es um die Verankerung des Niederdeutschen als schützenswertes Kulturgut im Sinne der

Europäischen Charta für Regional- oder Minderheitensprachen. Plautdietsch ist dabei ein etwas exotischer Teil des Niederdeutschen.

Literatur zum Thema Plautdietsch

Reuben Epp: *The Story of Low German and Plautdietsch. Tracing a Language across the Globe.* Reader's Press, Hillsboro Kan 1993, ISBN 0-9638494-0-9

Peter Wiens: *Plautdietsch – wie es bleibt.* in: Jahresgabe. Klaus-Groth-Gesellschaft. Heide in Holstein 46.2004, S.137-151, ISSN 0453-9842

Plautdietsch FRIND. Zeitschrift für Plautdietsch in Deutschland und weltweit. Hrsg. v. Plautdietsch-Freunde e.V. Oerlinghausen/Detmold 2001ff, ISSN 1612-7250

Wer sind die Russlandmennoniten?

Die Russlandmennoniten sind eine weltweit verstreut lebende ethnische Gruppe mit Plautdietsch als Lingua franca. Sie stammen ursprünglich größtenteils aus der Glaubensgemeinschaft der Mennoniten, sind aber aufgrund ihrer Migrationsgeschichte schon vor etwa 400 Jahren zu einer (ziemlich heterogenen) Volksgruppe zusammengewachsen.

Viele Anhänger der im Zuge der Reformation entstandenen protestantischen Freikirche der Mennoniten siedelten sich im Weichseldelta bei Danzig an. Die Bezeichnung als Mennoniten hat vor allem mit der bedeutenden Rolle des niederländisch-friesischen Reformators Menno Simons aus der Täuferbewegung zu tun. Auf Einladung von Katharina II. bzw. Paul I. wanderten Tausende dieser Mennoniten von Westpreußen nach Südrussland in die heutige Ukraine aus und werden daher später als Russlandmennoniten bezeichnet. Sie verstreuen sich in ihrer weiteren Geschichte in alle Himmelsrichtungen: seit 1874 zunächst nach Kanada, seit dem Ersten Weltkrieg auch nach Süd- und Mittelamerika, seit den 1970er Jahren als

Spätaussiedler in die Bundesrepublik. Die letztgenannte Gruppe hat gemeinsam mit den Russlanddeutschen süddeutscher Abstammung (Wolgadeutsche) die stalinistische Vertreibung und Zwangsumsiedlung nach Sibirien erlebt.

Zur Bedeutung der Sprache: Da sich Ende des 18. Jahrhunderts in der Kirchensprache Westpreußens gerade ein Wandel vom Niederländischen zum Deutschen vollzog, nahmen die Auswanderer größtenteils schon deutsche Bibeln und Gesangbücher mit nach Südrussland. In den folgenden Jahrhunderten war nun Hochdeutsch die Sprache für Kirche und Schule. Plautdietsch blieb nicht nur Umgangssprache, es wurde neben den religiösen Traditionen auch zu einem Faktor, der wichtig für Identität und Selbstbewusstsein wurde. Plautdietsch als starkes Bindeglied und deutliches Erkennungsmerkmal bot auch Möglichkeiten der Abgrenzung von den übrigen deutschen Siedlern in Russland. Heute wird in vielen russlandmennonitischen Familien in Deutschland kaum noch Plautdietsch gesprochen, weil man sich integrieren möchte, leider häufig auch auf Kosten der Muttersprache. In der Regel lebt man mehrsprachig.

Die über 500.000 Russlandmennoniten bzw. Plautdietsch-Sprecher sind heute in Europa, Asien und Amerika zuhause. Nur etwa die Hälfte der über 200.000 Russlandmennoniten in Deutschland sind in verschiedenen Kirchengemeinden involviert. Die Bezeichnung als Russlandmennonit lässt nicht automatisch auf Frömmigkeit oder auf eine konservative Weltanschauung schließen. Heute wird damit in erster Linie der plautdietsche Migrationshintergrund benannt.

Literatur

Der Wikipedia-Artikel zum Thema *Russlandmennoniten* bietet umfangreiche Informationen und weiterführende Literaturangaben

Plautdietsche Literatur

Dass schon in Westpreußen, wo Plautdietsch entstanden ist, in dieser Sprache auch geschrieben wurde, ist nicht bekannt. Einzelne Versuche gab es während der 200-jährigen Siedlungszeit in Südrussland. Richtig bekannt und beliebt unter den Russlandmennoniten wurden dann aber erst Autoren wie Arnold Dyck, Reuben Epp oder Jack Thiessen in Kanada. Zwar gibt es zahlreiche plautdietsche Schriftsteller in aller Welt, aber sie schreiben in der Regel in der Sprache ihres Landes. In Deutschland ist derzeit eine wachsende Zahl an Autoren dabei, sich auch in ihrer Muttersprache Plautdietsch auszudrücken. Mir gefällt dabei vor allem die Lyrik von Lore Reimer.

Arnold Dyck: *Dee Forstei*
DVD, Plautdietsch-Freunde e.V., Detmold

Reuben Epp: *Dit un Jant opp Plautdietsch*
CD, Plautdietsch-Freunde e.V., Detmold

Jack Thiessen: Jeschichte (short stories)
http://ereimer.net/Thiessen/stories.htm

Lore Reimer: *Du kaunst miene Sproak vestohne*
Tweeback Verlag, Bonn

Heinrich Siemens (Hrsg.): *Ut onsem Lewe: Plautdietsche Jedichta en Jeschichte*
Tweeback Verlag, Bonn